JUEGOS MATEMÁTICOS
Colección dirigida por Jean-Luc Caron

Juegos para sobresalir en cálculo

9-11 AÑOS

Jean-Luc Caron
Ilustraciones de Vivilablonde

terapiasverdes

ÍNDICE DE NOCIONES

Multiplicación

División

Problemas

NUMERACIÓN - LOS NÚMEROS GRANDES

¡Cuántos kilómetros!

1 Encuentra el número de kilómetros que corresponden a cada ilustración y escríbelos en cifras.
Puedes observar el cuadro de la página 5 para ayudarte.

.... km

.... km .... km

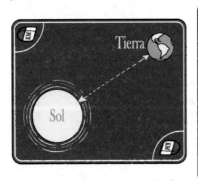

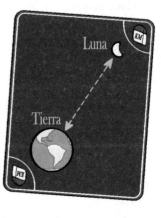

.... km .... km

.... km

┌─────────────────────────────┐
│ Doscientos treinta y seis │
└─────────────────────────────┘
┌─────────────────────────────────┐
│ Trescientos ochenta y cuatro mil │
└─────────────────────────────────┘

┌──────────────────┐ ┌──────────────────┐ ┌──────────────┐
│ Cuarenta y dos │ │ Seis mil quinientos │ │ Cuarenta mil │
└──────────────────┘ └──────────────────┘ └──────────────┘

┌───┐
│ Ciento cuarenta y nueve millones seiscientos ochenta mil │
└───┘

2 Continúa ordenando los números de la página 4 en orden creciente.

Millones			Mil			Unidades		
c	d	u	c	d	u	c	d	u
							4	2

3 Tacha los cohetes que tienen números mal escritos.
Escribe correctamente esos números en los cohetes vacíos.
(¡Cuidado con los espacios en los grupos de cifras!)

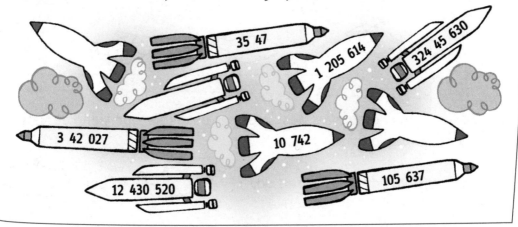

35 47

1 205 614

324 45 630

3 42 027

10 742

12 430 520

105 637

¡Buena pesca!

1 **Cada pescador atrapa los peces que corresponden a sus múltiplos.**
Colorea los peces del color de cada pescador.
Ten cuidado porque cuatro peces tienen dos colores ya que son
múltiplos de dos números, como en el ejemplo.

Pues 4 x 5
y 5 x 4 = 20

2 Observa en el dibujo los pescados del pescador que tiene el número
5 y completa la frase.

Los múltiplos de 5 terminan por **... o por** **...** .

Caja fuerte

1

Para abrir cada caja fuerte debes encontrar el número escrito utilizando los números de las llaves de su color, combinando con las operaciones del mismo color. ¡Cuidado! Solo puedes utilizar los números una sola vez.

Tu solución: ....

Tu solución: ....

Tu solución: ....

Operaciones:

× y +

: y –

:, × y +

2

Observa y completa cada línea, como en el ejemplo.

25	:	5	=	5
13	+	17	=	
5	×		=	30
45	–	19	=	
40		5	=	8
11	+		=	50
50	–	35	=	

34		6	=	28
5		12	=	60
9	×		=	36
27	:	3	=	
50	×	5	=	
200		4	=	50
18	+		=	35

En el espacio

1 Cada planeta representa un múltiplo de 6, 7 u 8.
Encuentra de qué numero son múltiplos los planetas coloreados.
Haz lo mismo con los otros planetas y colorea con el color que
corresponde.
¡Cuidado! Los planetas con anillos son múltiplos de 2 de esos
números y deben ser de dos colores.

2 Recita la tabla de multiplicar del 9 y escribe, en orden, los resultados en estos planetas.

Suma mentalmente las dos cifras de cada número que has escrito. Escribe en la estrella el número que obtienes cada vez.

3 Truco: observa y luego completa la operación.

He aquí cómo encontrar los resultados de la tabla del 9 y más allá del 9 x 10.

Encuentra mentalmente el resultado de esta multiplicación con mi método.

9 × 3 = (10 × 3) – 3 = 27

9 × 5 = (10 × 5) – 5 = 45

9 × 25 = ...

4 Tacha los cuatro satélites artificiales cuyos números no son múltiplos de 6, 7, 8 o 9.

A vuelo de pájaro

1 ¡Esta cigüeña empieza a cansarse! ¡Merece un poco de descanso!
Escribe la suma y calcula la distancia que ha recorrido.
Luego, verifica con una calculadora.

¡Ahora un descanso bien merecido!

Francia

Océano

856 km

España

1 141 km

Mar Mediterráneo

Atlántico

Marruecos

672 km

1 088 km

Mauritania

56 km

Senegal

```
    856
+   ...........
+   ...........
+   ...........
+   ...........
    _____
```

2 Completa estas sumas.

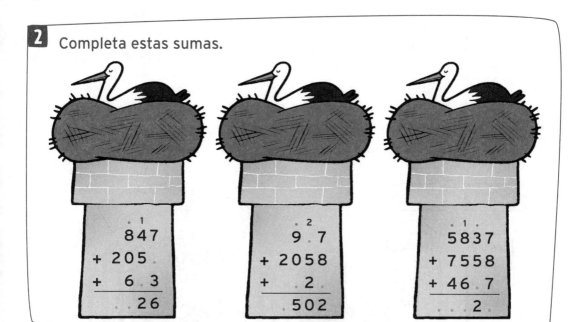

```
    1
   847
+ 205
+  6 3
   26
```

```
    2
  9 7
+ 2058
+   2
  502
```

```
    1
  5837
+ 7558
+ 46 7
    2
```

3 Encuentra el valor de cada huevo y completa.

4 Completa este cuadrado mágico.

5		17	16
		7	10
8	9		
18			11

5 Rodea tres números de color azul cuya suma permite obtener el número de color verde.

5.785   770   1.262   670   3.853

Robo de semillas

1 ¡Los Ratarrobos, célebres ladrones de trigo, se han quedado encerrados en el banco porque la policía les había tendido una trampa!

Máximo 5.000 semillas — 4 8 3 7

Máximo 2.250 semillas — 1 9 2 8

Máximo 725 semillas — 5 2

SALA DE COFRES DE SEMILLAS

Cuando llegaron los Ratarrobos, los cofres estaban llenos.
Los contadores indican lo que queda tras el robo de los Ratarrobos.
Calcula en las pizarras lo que cada uno ha cogido y escríbelo en su bolsa. ¡Cuidado! ¡Cuanto más grande es la bolsa, más semillas contiene!

$$5\overset{1}{0}00$$
$$-\ 48\ _1 37$$
$$\ \ .\ .\ 3$$

$$2250$$
$$-\ ....$$
$$..............$$

$$..............$$
$$-\ ....$$
$$..............$$

2 ¿Cuántas semillas más contiene la bolsa más grande
de los Ratarrobos que la más pequeña?

Escribe y calcula la resta y luego completa la frase.

....
− ....
....

Contiene .... semillas
más que la más pequeña.

3 Completa estas operaciones.

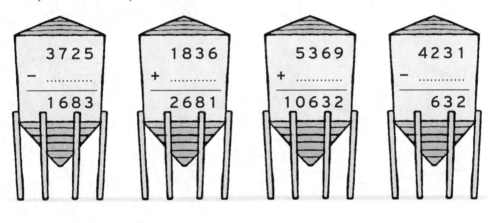

3725	1836	5369	4231
−	+	+	− ....
1683	2681	10632	632

4 Encuentra el valor de cada bolsa y luego completa.

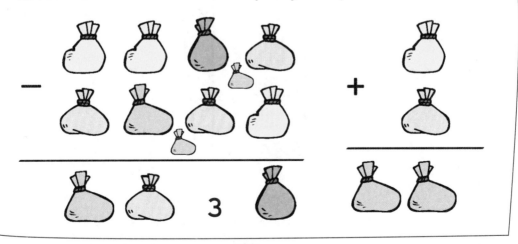

Cine Animal

1 Bienvenidos al «Cine Animal», el gran cine al aire libre de los animales curiosos. Ese cine tiene **8 filas de 26 asientos** y permite mirar la película muy cómodamente instalado.

Calcula de dos maneras el número de asientos de ese cine.

```
  ..........
+ ..........
+ ..........
+ ..........
+ ..........
+ ..........
+ ..........
+ ..........
_____
  ..........
```

CINEANIMAL
Billete
1 asiento
Sala 2

```
   ..............
×  ..............
_____
   ..............
```

El Cine Animal propone .... asientos para ver la película.

2 Esta noche, las cuatro primeras filas están ocupadas por 9, 13, 14 y 23 espectadores. Las cuatro últimas filas están llenas. ¿Cuántos animales asisten a la sesión de cine?

Escribe las operaciones en línea y completa la frase.

Operaciones: ....

....

....

Esta noche, ... animales asisten a la sesión.

3 Resuelve estos problemas utilizando la suma o la multiplicación.

▶ La semana pasada, Noé recorrió 26 km en bicicleta.
Lucía recorrió 3 km más que él. ¿Qué distancia recorrió Lucía?

Operación: ....

Lucía recorrió .... km.

▶ Gabriel confeccionó 14 castillos de arena.
Marta hizo tres veces más. ¿Cuántos hizo Marta?

Operación: ....

Marta realizó .... castillos.

▶ El increíble León Notiemblo atravesó los 352 m que separan los dos bordes del cañón sobre un hilo y volvió al punto de partida de la misma manera.
¿Qué distancia recorrió por encima del vacío?

Operación:

....

Recorrió .... m.

¿Quién quiere ganar muchos euros?

1 Escribe en el globo lo que tres amigos ganaron en este juego de televisión.

¡Bravo, juntos han ganado .... euros!

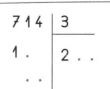

2 Completa estas frases en el orden de aparición.

Nuestros amigos se reparten los billetes de 100 €. Cada uno tiene .... billetes de 100 € y queda	Cambian el billete de 100 € en billetes de 10 €. En total tienen .... billetes de 10 € para compartir. Cada uno obtiene .... y quedan	Cambian los billetes de 10 € que quedan por monedas de 1 €. Tienen .... monedas de 1 € para repartir y cada uno obtiene ....

3 Completa la división que permite calcular el número de euros que posee cada amigo después del reparto.

```
7 1 4 | 3
1 .    | 2 . .
  . .
    .
```

4 Completa las divisiones y resuelve estos problemas.

▶ **95 personas esperan al pie del telesilla. ¿Cuántos asientos de 4 personas se necesitan para que todos puedan subir a las pistas?**

.... | ....
.... |

Se necesitan .... asientos.

▶ **El señor Pérez ha guardado las 230 botellas de leche en cajas de 6 que recibió para los niños de la colonia de vacaciones. ¿Cuántas cajas de 6 están llenas y cuántas botellas quedan?**

.... | ....
.... |

Las cajas llenas son ....

y quedan .... botellas.

▶ **Este elefante pesa 5.000 kg y su hijo, que tiene 8 meses, pesa 8 veces menos. ¿Cuánto pesa el elefante pequeño?**

.... | ....
.... |

El elefante pequeño pesa .... kg.

¡En el aire!

Resuelve estos problemas utilizando las 4 operaciones y completa las respuestas.

▶ 192 pasajeros pueden tener lugar en este avión. ¿Cuántas filas de seis asientos se necesitan para embarcar a todos los pasajeros?

Operación: ....

....

En este avión, hay .... filas de 6 asientos.

▶ Mira el dibujo de este cohete. Está compuesto de una parte central y de dos refuerzos idénticos que sirven para hacerlo despegar. La parte central pesa 355 toneladas y en total, el cohete pesa 527 toneladas. ¿Cuánto pesa cada refuerzo?

Operaciones: ....

....

Cada refuerzo pesa .... toneladas.

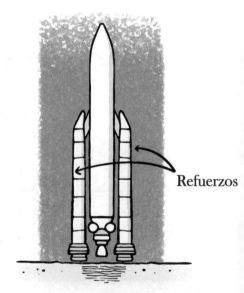

Refuerzos

▶ Este avión une Nueva York con París, es decir, una distancia de 5.840 km. Tras tres horas de vuelo, ya ha recorrido 2.798 km. ¿Qué distancia debe recorrer todavía?

Operación: ....

El avión debe recorrer .... km.

▶ Este avión permite apagar los incendios forestales lanzando sobre las llamas los 6.125 litros de agua que contiene la bodega. Hoy, tuvo que hacer 9 llenados de agua y utilizarla toda para apagar el fuego.
¿Cuántos litros de agua ha soltado?

Operación: ....

El avión ha soltado .... litros de agua para apagar el fuego.

La suerte de Lionel

1 Hoy, la tribu de los leones está de fiesta. En la rueda de las habas de cacao, Lionel ha tenido una suerte increíble.

▶ Calcula las operaciones en línea y escribe lo que Lionel ha ganado en cada bolsa.

Lionel apuesta 25 habas y la rueda se detiene en el 5.

25 x 5 = ...

Apuesta nuevamente las 25 habas y la rueda se detiene en el 20.

25 x 20 = ...

Apuesta una última vez 25 habas y la rueda se detiene en el 100.

25 x 100 = ...

▶ Calcula el conjunto de habas de cacao que ha ganado Lionel, sumando el contenido de las tres bolsas.

.... + ... + ... = ...

2 Lionel calcula sus ganancias en habas de cacao en una sola operación. Completa.

No olvido el cero cuando multiplico un número de decenas y los dos ceros cuando multiplico un número de centenas.

$$
\begin{array}{r}
25 \\
\times\ 125 \\
\hline
.\ .\ . \\
.\ .\ 0 \\
\hline
.\ .\ .\ .\ . \\
\hline
.\ .\ .\ . \\
\end{array}
$$

3 Calcula las multiplicaciones que siguen.

$$
\begin{array}{r}
147 \\
\times\ \ 36 \\
\hline
\end{array}
\qquad
\begin{array}{r}
631 \\
\times\ \ 78 \\
\hline
\end{array}
\qquad
\begin{array}{r}
2054 \\
\times\ \ 49 \\
\hline
\end{array}
$$

4 Encuentra el valor de cada caramelo.

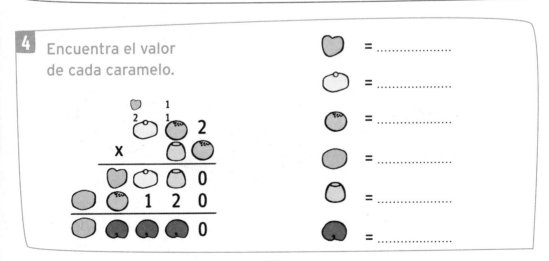

¡A comer!

1 Observa y escribe las fracciones que corresponden a una parte de tarta.

.....

.....

.....

.....

.....

.....

2 Colorea la fracción de pizza indicada y luego escribe esta fracción de otra manera.

$\dfrac{2}{4}$ o $\dfrac{.....}{.....}$

$\dfrac{1}{4}$ o $\dfrac{.....}{.....}$

$\dfrac{1}{3}$ o $\dfrac{.....}{.....}$

3 Noé y sus amigos ya no tienen hambre para los pasteles que quedan.
Completa las frases: escribe las fracciones que representan las partes comidas y las que quedan.

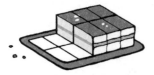

Quedan $\dfrac{.....}{10}$ de pastel.

$\dfrac{.....}{10}$ se han comido.

$\dfrac{.....}{.....}$ Se han comido.

Quedan $\dfrac{.....}{.....}$ de pastel.

4 Esta barra de chocolate está compuesta de cuadrados de chocolate blanco y de cuadrados de chocolate amargo.

Escribe la fracción que corresponde a un trozo de chocolate.
Luego, escribe de dos maneras la que corresponde a los trozos de chocolate amargo.

Un cuadrado de chocolate: $\dfrac{\cdot}{\cdot\cdot}$

El chocolate amargo: $\dfrac{\cdot\cdot}{\cdot\cdot}$ ó $\dfrac{\cdot}{\cdot}$

5 Marca los dibujos cuya parte rosada representa una fracción de $\dfrac{1}{4}$ y tacha las otras.

 ❑

 ❑

 ❑

 ❑

 ❑

 ❑

 ❑

 ❑

6 Ordena las fracciones de cada nube de la más pequeña a la más grande.

$\dfrac{1}{8}$ $\dfrac{9}{8}$ $\dfrac{3}{8}$ $\dfrac{6}{8}$

$\dfrac{1}{8}$ $\dfrac{1}{32}$ $\dfrac{1}{2}$ $\dfrac{1}{4}$

....

Cóctel de zumos

1 Observa el ejemplo y colorea, en los dos vasos vacíos, la altura del líquido indicado para preparar el cóctel.
Escribe en el último el número de octavos que corresponden a $\dfrac{1}{2}$.

Zumo de piña:

$\dfrac{1}{4}$ o sea $\dfrac{2}{8}$

Jarabe de granadina:

$\dfrac{1}{8}$

Zumo de naranja:

$\dfrac{1}{2}$ o sea $\dfrac{....}{8}$

2 Calcula la suma y colorea la altura del cóctel obtenido mezclando los ingredientes.

$$\frac{2}{8} + \frac{1}{8} + \frac{4}{8} = \frac{...}{8}$$

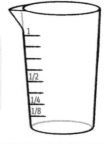

3 Encuentra la fracción que corresponde a la cantidad de jarabe de menta.

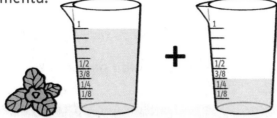

Total: $\dfrac{\cdots}{8}$

Escribe esta cantidad en forma de un entero y de una fracción:

$\cdots + \dfrac{\cdots}{8}$

4 Colorea la cantidad de zumo de frutas indicado y escríbelo en forma de un entero y de una fracción.

$\dfrac{5}{2}$ de zumo de piña o sea: $\cdots + \dfrac{\cdots}{\cdots}$ $\dfrac{7}{4}$ de zumo de granada o sea: $\cdots + \dfrac{\cdots}{\cdots}$

5 Suma las fracciones de estas botellas. Luego escribe debajo de cada una el número entero antes del resultado y luego.

$\dfrac{7}{6} + \dfrac{8}{6} = \dfrac{\cdots}{\cdots}$

$\dfrac{4}{3} + \dfrac{2}{3} + \dfrac{5}{3} = \dfrac{\cdots}{\cdots}$

$\cdots < \dfrac{\cdots}{\cdots} < \cdots$

$\cdots < \dfrac{\cdots}{\cdots} < \cdots$

Receta de brujos

1 El brujo Caramala prepara una deliciosa comida para recibir dignamente a sus amigos.
Escribe debajo de cada ingrediente la fracción que corresponde a la cantidad que utiliza.

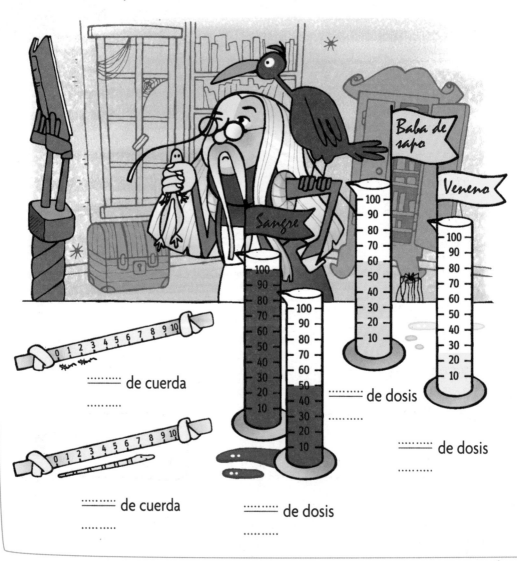

.... de cuerda
....

.... de cuerda
....

.... de dosis
....

.... de dosis
....

.... de dosis
....

2 Escribe de dos maneras diferentes la cantidad total de líquido que utiliza el brujo para su receta.

$$\frac{\text{......}}{100} + \frac{\text{......}}{100} + \frac{\text{......}}{100} = \frac{\text{......}}{100} \qquad \text{o} \qquad \text{.....} + \frac{\text{......}}{100}$$

3 El brujo representa las cantidades de líquido de una de sus recetas.

Cada cuadrado del recuadro corresponde a $\frac{1}{100}$ dosis.

▶ Escribe la fracción que corresponde a lo que está coloreado en

amarillo: $\frac{\text{......}}{\text{......}}$

▶ Colorea un rectángulo rojo que represente $\frac{30}{100}$,

uno verde que corresponda a $\frac{20}{100}$ y un cuadrado gris de $\frac{16}{100}$.

▶ Calcula la fracción que corresponde a todo lo que está coloreado y

completa: $\frac{\text{......}}{100} + \frac{\text{......}}{100} + \frac{\text{......}}{100} + \frac{\text{......}}{100} = \frac{\text{......}}{100}$

La parte que no está coloreada representa $\frac{\text{......}}{100}$.

¡Perezoso, ve más lento!

1 En las pruebas deportivas animales, la prueba más sorprendente es la de los pequeños perezosos que deben recorrer la distancia más corta en una hora sin caerse: ¡el que pierde, gana!

▶ Completa lo que dice el presentador.

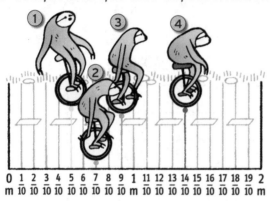

¡El vencedor es Alex Lentusco: 5/10 de metro o sea 0,5 m!

La segunda es Lola Pasiva con 7/10 de metro o sea......m.

▶ Completa, aquí abajo, el orden de llegada de los perezosos.

Corredores	Resultados 1	Resultados 2	Resultados 3
2 Lola Pasiva	$\frac{7}{10}$ m		...... m
3 Lucía Lenta	$\frac{...}{10}$ m		...... m
4 Juan Flojito	$\frac{...}{10}$ m	$1 + \frac{...}{...}$ m	...... m
5 Julio Arrastra	$\frac{17}{10}$ m	$1 + \frac{...}{...}$ m	...... m
6 Ángela Amorfa	$\frac{21}{10}$ m	$... + \frac{...}{...}$ m	...... m

2 Escribe las fracciones y los números decimales que corresponden al contenido de los vasos.

‥‥ de litro ‥‥ + ‥‥ de litros ‥‥ + ‥‥ de litros

‥‥ ‥‥ ‥‥

o sea .... litro o sea .... litros o sea .... litros

3 Escribe el largo de esta jabalina en forma de fracción y en número decimal.

1/10 2/10 3/10 4/10 5/10 6/10 7/10 8/10 9/10

m   m

5   10   20   30   40   50   60   70   90
100 100 100 100 100 100 100 100 100

‥‥ O sea .... m

‥‥

4 Escribe la fracción y el número decimal que corresponde al valor de cada moneda.

‥‥ € o sea .... €

‥‥

‥‥ € o sea .... €

‥‥

5 Colorea las tres escrituras que corresponden al conjunto de las tres monedas y tacha las otras.

2,60 €

$2 + \dfrac{6}{100}$ €

2,6 €

$2 + \dfrac{60}{100}$ €

2,06 €

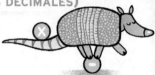

¿Quién es?

1 Para descubrirnos, une los números del más pequeño al más grande. Luego, puedes colorearnos.

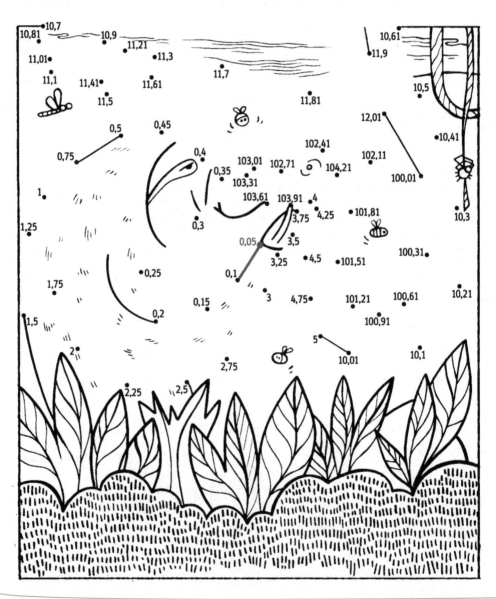

2 ❯ Une estos números decimales (escritos en las hojas) en su lugar en el camino graduado.

0,9   1,5   0,3   0,6   1,7   1,2

0 ┴┴┴┴┴┴┴┴┴┴┴ 1 ┴┴┴┴┴┴┴┴┴┴┴ 2

❯ Haz lo mismo con este otro camino.

10,1   9,9   10,4   9,4   9,6   10,9

9 ┴┴┴┴┴┴┴┴┴┴┴ 10 ┴┴┴┴┴┴┴┴┴┴┴ 11

3 Para cada mariposa, colorea del mismo color la flor que tiene el número más cercano.

7   6,7   6   9,07   9   10

7   7,75   8   10,1   10   11

¡A dieta!

1 Este grupo de 22 alegres titís se marchan de paseo, acompañados por 5 adultos. Para no tener hambre, han previsto 268 plátanos para compartir. Bonobo el jefe, le pidió a Malinus que calculara cuántos tendría cada uno.

Haz el cálculo de los dos divisiones.

2 La señora Dulcín acondiciona los 1.584 bombones que ha hecho en cajas de 24.

Termina la división para saber el número de cajas que va a utilizar y completa la frase.

```
  1 5 8 4 | 2 4
-  . . . . |  . .
  ───────
   . . . 4
-  . . .
  ───────
    . . .
```

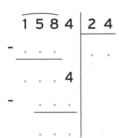

Va a utilizar .... cajas.

3 El señor Sidrín ha exprimido sus manzanas y ha obtenido 96 litros de jugo. ¿Cuántas botellas de 75 cl de jugo de manzanas puede llenar? Calcula la división y completa.

```
  9 6 0 0 | 7 5
          |─────
          | .........
```

1 l = 100 cl
96 l = 9.600 cl

Puede llenar .... botellas.

4 Multiplica los divisores de cada una de las divisiones de esta página por los resultados que has encontrado.

22 × .... = ...

75 × .... = ...

Si no te has equivocado, debes encontrar los números correspondientes a los dividendos (1.584 y 9.600).

Seguidores

Resuelve los problemas siguientes.

▌ Para que los animales de la selva puedan acompañar a su equipo deportivo de Sabana, se prevén 27 carretas que pueden transportar cada una 36 animales.
¿Cuántos animales pueden acompañar a su equipo con esas carretas?

Operación

.... animales pueden acompañar a su equipo.

▌ De hecho, 2.225 animales se han inscrito para el viaje. ¿Cuántas carretas deben reservar en total, para transportar a todos los seguidores?
¡Cuidado! No se puede quedar ningún seguidor

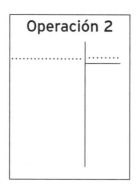

Operación 1	Operación 2	Operación 3
.... –	....	.... + ...

En total, habrá que reservar .... carretas.

▶ Iván Sprint decidió ahorrar 50 € cada mes porque quiere reemplazar su vieja bicicleta por una bici de carreras más eficaz. Sabiendo que esa magnífica bicicleta cuesta 1.000 €, ¿cuántos meses tendrá que ahorrar Iván para poder comprarla?

Operación: ....

Le harán falta .... meses, o sea .... año y .... meses de ahorro.

▶ A Sofía Delagua le encantan los deportes náuticos y hace un año que ahorra cada mes 35 € para comprarse una canoa kayak que cuesta 470 €. Si sigue ahorrando así, ¿cuánto tiempo tendrá que esperar para comprarla?

Operaciones: ....
....
....

Tendrá que esperar .... meses.

▶ Con sus 230 € de ahorros, Tom Camino ¿puede comprarse una mochila de 78 €, un par de botas de montaña que vale 55 € y una tienda ultraligera que cuesta 190 €?

Operación: ....

Respuesta: ....

Cuestión de valor

1 Escribe, con ayuda de fracciones y números decimales, el valor en euros de cada moneda. Ayúdate con los ejemplos.

$\frac{1}{100}$ € o 0,01 €

$\frac{1}{10}$ € o 0,1 € o 0,10 €

...... € o .... €

...... € o .... €

...... € o .... €

...... o .... €

...... € o .... €

ö .... €

2 **Elsa ha comprado una muñeca para su hermana.**
Escribe en la etiqueta el precio de esta muñeca sabiendo que Elsa ha dado el importe exacto.

.... €

3 Rodea los billetes y las monedas necesarias para pagar estos dos objetos sin que te devuelvan nada. Luego, completa las sumas.

9,75 €

6 €

.... + ... = ...

4 Rodea las monedas necesarias para pagar estos tres objetos sin que te devuelvan nada. Luego, completa la suma.

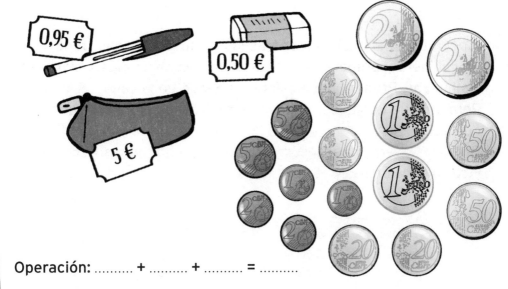

0,95 €

0,50 €

5 €

Operación: .... + ... + ... = ...

Los tres objetos juntos cuestan........... €.

5 Rodea las monedas que debe devolverte el comerciante. Luego, completa la resta.

Rompecabez 7,25 €

250 piezas

Operación: .... - .... = ...

El comerciante debe devolverte .... €.

Las gallinas de Lobón

1 ¡Lobón está harto de correr tras las gallinas! Ha construido un gallinero y prepara un vallado para recuperar más fácilmente los huevos. Primero debe calcular el largo de la valla.
Pero aunque Lobón es un buen jardinero, no sabe hacer una operación.
Tacha las operaciones incorrectas o con números mal escritos y calcula los otros. No te olvides de la coma.

$$
\begin{array}{r}
6,75 \\
+ \quad 5,5 \\
+ \quad 0,09 \\
+ \ 10,85 \\
\hline
\end{array}
\qquad
\begin{array}{r}
6,75 \\
+ \quad 5,50 \\
+ \quad 9,00 \\
+ \ 10,85 \\
\hline
\end{array}
$$

$$
\begin{array}{r}
6,75 \\
+ \quad 5,5 \\
+ \quad 9 \\
+ \ 10,85 \\
\end{array}
\qquad
\begin{array}{r}
6,75 \\
+ \quad 5,5 \\
+ \quad 9 \\
+ \ 10,85 \\
\hline
\end{array}
\qquad
\begin{array}{r}
6,75 \\
+ \quad 5,5 \\
+ \quad 9 \\
+ \ 10,85 \\
\end{array}
$$

10,85 m

6,75 m

5,5 m

9 m

2 Escribe y calcula las sumas que siguen.

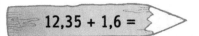
12,35 + 1,6 =

39,05 + 185,9 =

178 + 0,09 =

35 + 178,08 + 9,79 =

....
+ ....
....

....
+ ....
....

....
+ ....
....

....
+ ....
+ ....
....

3 Pon las comas y luego encuentra y escribe las cifras de cada polluelo.

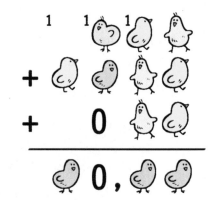

Para ayudarte:

4 Completa este cuadrado mágico.

		15,5
	15	
14,5		16,5

En piragua...

1 Lomono se pregunta cuánto debe pesar Lomona como máximo para acompañarlo en su paseo en piragua.

▶ Completa la operación de Loro.

En el dibujo: Peso 80,75 k.
150 y 150, 00 es igual...
entonces

```
  150,. .
-  . .,. .
  . .,. .
```

Carga máxima: 150 k

▶ Lomono se pregunta ahora qué carga máxima puede llevar además de ellos.

Calcula esta carga y escríbela en la mochila.

¡Por supuesto que puedo subir!

46,8 KG

```
  . .,. .
-  . .,. .
  . .,. .
```

. . . .

2 Completa estas tres restas (no te olvides de llevarte).

```
    3 7 , . .            . 6 , . 2            . 2 . , 3 .
  - . . , 5 8          - 3 5 , 2 7          - . 4 , . 8
  ───────────          ───────────          ───────────
    1 8 , 9 2            . 1 , . .            2 3 2 , 4 8
```

3 Encuentra las piraguas cuyos números son una resta igual al número inscrito en la banderola de llegada. Coloréalas del mismo color. (Ayúdate con el ejemplo.)
Tacha las dos piraguas restantes.

Llegada /22,22

56,22 59,22 60 92,87 34 37 70,87 27,78 48,65 51 28,78 50

4 Encuentra y escribe cada cifra en su mochila.

```
  1 🎒 0 , 🎒 1
-   🎒 🎒 , 0 🎒
  ─────────────
  1 0 🎒 , 🎒 9
```

5 Hipo, que pesa 3 toneladas, pesa 1.965 toneladas más que Coco.
Calcula el peso en toneladas de Coco.

Operación: ....

Resultado: ....

Al fin de cuentas

Resuelve estos problemas.

▶ **Esta mañana Julio y Lucía se fueron del camping en bicicleta para comprar pan en Flanville.**
Observa el contador kilométrico de la bicicleta de Lucía al salir y a la llegada. Luego indica, en el mapa, la distancia que recorrieron para llegar a Flanville.

Operación: ....

Julio y Lucía recorrieron .... km.

▶ **Para volver, eligen el camino del bosque que tiene 3,7 km más pero es muy agradable cuando hace buen tiempo.**
Observa el contador kilométrico de Julio al salir del camping y escribe lo que indica a la vuelta.

Operaciones: ....
....

A la vuelta, el contador kilométrico de Julio indica .... km.

▶ **Aquí están los ahorros de Elena.** Completa el total.

   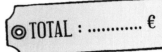

Ella quiere comprarse por lo menos dos prendas de ropa entre las que te mostramos.

Utiliza la suma y la resta para encontrar las 4 posibilidades
y lo que le quedaría.
Rodea lo que tú te comprarías.

1. Operaciones: ....
....

Elección 1: .... y .... Le quedaría: .... €.

2. Operaciones: ....
....

Elección 2: .... y .... Le quedaría: .... €.

3. Operaciones: ....
....

Elección 3: .... y .... Le quedaría: .... €.

4. Operaciones: ....
....

Elección 4: .... y .... Le quedaría: .... €.

¡Al viento!

1 Completa las cometas, como en el ejemplo.

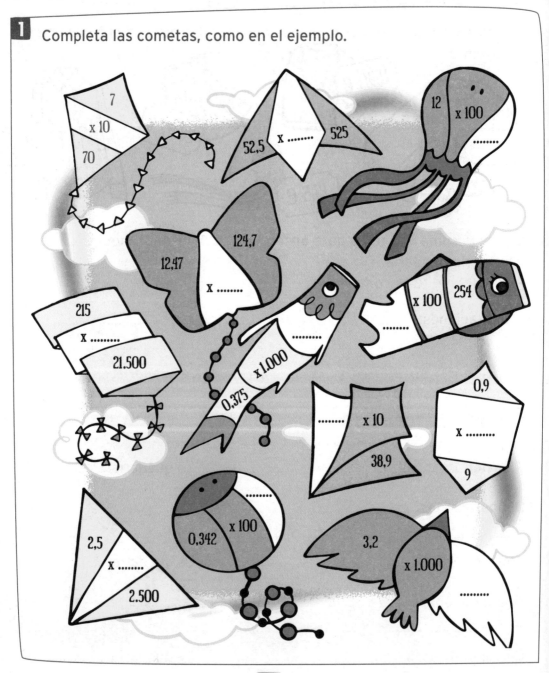

7
x 10
70

52,5 x 525

12 x 100 ....

124,7
12,47 x ....

254 x 100 ....

215 x 21.500

x 1.000 0,375 ....

.... x 10 38,9

0,9 x 9

0,342 x 100 ....

2,5 x 2.500

3,2 x 1.000 ....

2 Colorea los dos términos de la división (dividendo y cociente) del mismo color que su divisor, como en el ejemplo.

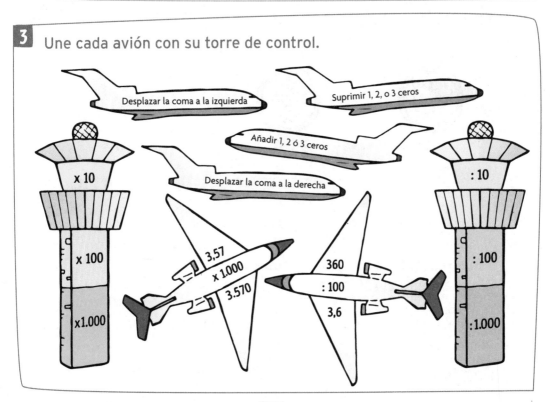

3 Une cada avión con su torre de control.

7.500 · 1 354 · 3,05 · 8 · 1,354 · 117 · 10 · 15 · 1,17 · 68 · 75 · 12.000 · 12 · 98 · 680 · 0,015 · 30,5 · 0,8 · 0,98 · 1.000 · 100

Desplazar la coma a la izquierda
Suprimir 1, 2, o 3 ceros
Añadir 1, 2 ó 3 ceros
Desplazar la coma a la derecha

x 10
x 100
x1.000

: 10
: 100
:1.000

3,57
x 1.000
3.570

360
: 100
3,6

Medidas inglesas

1 Algunas medidas se expresan en unidades inglesas.
La pulgada (*inch* en inglés) forma parte de ellas: se la utiliza en informática para indicar el tamaño de una pantalla; su abreviación «es».
Emilia y Pablo quieren conocer el tamaño de sus pantallas en cm.

1" = 2,54 cm

17"

4"

9"

32"

La diagonal de la pantalla del teléfono hace unos 10 cm.

¡Oh, no, mucho menos!

▶ Termina los cálculos de Emilia y Pablo.

```
  2,54
+ 2,. .
+  .,. .
+  .,. .
```

```
  2 5 4
×     4
  . . .
```

. . . : 100 = ...

▶ Efectúa ese cálculo para encontrar directamente el resultado.

```
  2,54
×    4
 . .,. .
```

▶ Calcula la diagonal de la televisión en cm. Redondea el resultado al cm inferior.

Operación: .... Respuesta: .... cm

46

2 Existen otras medidas inglesas que se utilizan sobre todo
en el deporte, porque los ingleses inventaron muchos juegos.
Como el tenis.
He aquí un plano de un terreno de tenis.

1 yarda = 0,914 m

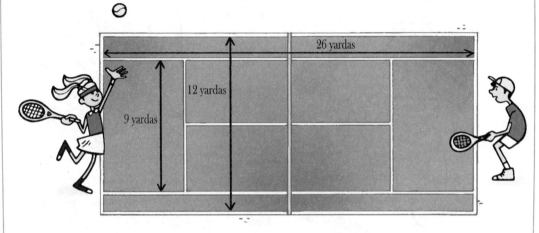

Estima y luego calcula cada dimensión en metros.

Estimación de 9 yardas: .... m.
Cálculo: ....

Estimación de 12 yardas: .... m.
Cálculo: ....

Estimación de 26 yardas: .... m.
Cálculo: ....

3 Colorea cada multiplicación del color de su resultado.
Verifica con la calculadora y escribe los resultados en las raquetas.

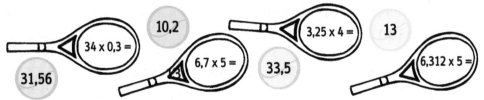

En el mercado

1

▶ Estima el precio pagado por la carne picada aproximadamente y luego calcula el precio exacto.

Estimación del precio pagado por la carne: ....

Precio real redondeado al céntimo inferior: ....

$$
\begin{array}{r}
1\,8{,}20 \\
\times\ \ 0{,}52 \\
\hline
 \\
 \\

\end{array}
$$

▶ El verdulero pesa 2,25 kg de tomates y 3,90 kg de patatas.
Completa.

Estimación del precio pagado
por los tomates: ....

Precio real redondeado al céntimo inferior: ....

$$
\begin{array}{r}
3{,}69 \\
\times\ \ \,.{,}.\,. \\
\hline
 \\
 \\
 \\

\end{array}
$$

1 (continuación)

Estimación del precio
pagado por las patatas: ....

Precio real redondeado
al céntimo inferior: ....

1,05

× ·,··

....

....

....

2 Alicia está pasando unos días en casa de su compañera Kate.
Esta mañana han dado un largo paseo con patines.
Alicia se sorprende al descubrir la distancia que han recorrido
en el contador que le prestó Kate.

El paseo me ha parecido mucho más largo.

¡Es normal, la distancia que está en millas!

12,40

• 1 milla inglesa= 1,609 km

....

⊕ ....

Calcula la distancia, en km que recorrieron
las dos chicas y redondea al km superior.

Alicia y Kate han recorrido .... km.

Reparto equitativo

1 Tras una jornada abriendo cocos, una banda de cuatro monos deciden compartir el jugo preferido de manera equitativa.

▶ Completa la operación que han realizado para compartir.

.... : .... = ... litros y quedan .... litros.

▶ Nuestros cuatro amigos se preguntan qué deben hacer con la cantidad que sobra.

Completa el resto del reparto.
- Comparte la cantidad que sobra:

1 l = ... dl

10: 4 = ... dl y quedan 2 dl o 1: 4 = 0, ... l y quedan 0,2 l.

- Comparte los 2 dl o 0,2 l restantes:	- Cada uno obtendrá entonces:
0,2 l = 2 dl = ... cl	.... litros + ... dl + ... cl
20: 4 = ... cl o sea ...., ... l	o sea ...., ... l

2 Completa esta división que permite encontrar directamente el resultado de este reparto verdaderamente equitativo entre los cuatro amigos.

$$\overset{\frown}{2\,5},0\quad \big|\;4$$

. . | . , . .

. .

3 Completa las dos divisiones que siguen.

1 8 9	2 8
-	....
....	
-	
....	
-	
0 0 0 0	

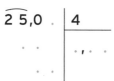

4 5 2 6	6 5
-	....
....	
-	
....	
-	
....	

4 Calcula la división y luego responde a la pregunta.

El señor y la señora Kino llevaron a Romana, a su hermano y a sus dos primos al cine para ver el último dibujo animado. Las entradas costaron 54 €. ¿Cuál es el precio de una entrada?

.... | ....

Cada entrada cuesta .... €.

¡A toda pastilla!

1 Mateo y Filo visitan un célebre circuito de carreras de coches donde cada año se realiza una gran carrera con 54 vueltas, o sea 367,74 km. ¡Todos se imaginan ser pilotos!

▶ Mateo ha comenzado a hacer cálculos para saber cuánto mide el circuito.
Completa los puntos suspensivos.

¡Tengo que escribir esta operación! Y dividir el resultado por 1.000 para obtenerlo en km...

367,74 km = ... m

.... : 54 = ? m

▶ Filo prefiere hacerlo más deprisa.
Completa su división.

```
3 6 7,7 4  | 5 4
- . . .    | . . .
  . . . .
- . . . .
  . . . .
    . .
```

2 Pon la coma del resultado; luego encuentra el lugar de cada parte de la división efectuada en las etiquetas y escríbelas en su cuadro.

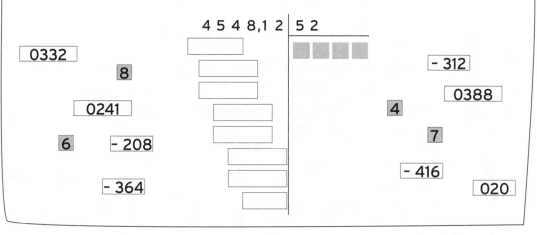

3 Escribe el número de cifras de la parte entera del resultado (el número de cifras antes de la coma) en el casco del piloto, como en el ejemplo.

No escribas los resultados.

2   183,5 : 12 =

5.256 : 31 =

98,32 : 4 =

9.128,4 : 95 =

25,78 : 37 =

4 Colorea en amarillo la división cuyo resultado es el más pequeño y en azul el resultado más grande. Luego, verifica con una calculadora.

4.830,5 : 52 =

593,12 : 4 =

732 : 12 =

Regata en solitario

Resuelve estos problemas.

El señor Bate y sus dos hijos, Marina y Leo, siguen el desarrollo de una célebre regata en solitario. Saben que en el mar se indican las distancias en millas marinas (que no hay que confundir con las millas inglesas de la página 49).

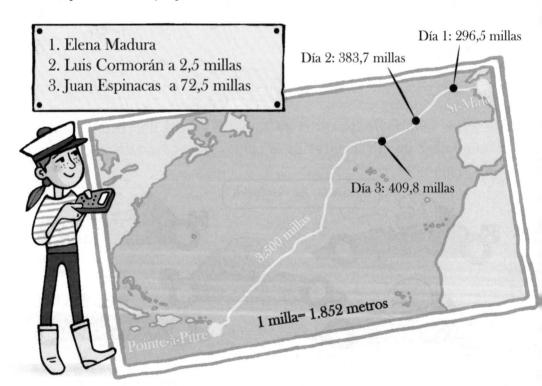

1. Elena Madura
2. Luis Cormorán a 2,5 millas
3. Juan Espinacas a 72,5 millas

Día 1: 296,5 millas

Día 2: 383,7 millas

Día 3: 409,8 millas

3.500 millas

1 milla= 1.852 metros

Pointe-à-Pitre

St-Malo

Para responder a estas preguntas, puedes utilizar una calculadora.

▶ ¿Cuál es el largo total en kilómetros de esta regata en solitario?

1 milla = ... km

Operación: ....

El largo de la carrera es .... km.

▶ ¿Qué distancia, en millas y en km, Elena Madura recorrió en tres días?

Operación: ....

Elena Madura recorrió .... millas.

Operación: ....

Ella recorrió .... km.

▶ ¿Qué distancia en km le falta recorrer a la primera de la regata?

Operación: ....

Elena Madura debe recorrer todavía .... km.

▶ ¿Cuál es la velocidad media de Elena Madura (en km por hora, redondeado al km inferior) en los tres primeros días?

3 días = ... **horas**

Operación: ....

Elena Madura ha navegado a .... km/h.

▶ ¿Qué distancia ha recorrido Juan Espinacas y a qué velocidad media, en km, redondeados al km inferior, ha navegado?

Para calcular la primera parte de la respuesta utiliza la resta, luego la multiplicación. Para la segunda parte, observa cómo has procedido en el caso de Elena Madura.

Operaciones: ....

....

....

Juan Espinacas ha recorrido .... km y navegó a .... km/h.

CORRECCIONES

PÁG. 4

1. Maratón: 42 km; etapa del Tour de Francia:
236 km; largo del río Amazonas: 6.500 km;
vuelta de la Tierra al nivel del Ecuador: 40.000 km;
distancia de la Tierra a la Luna: 384.000 km;
distancia de la Tierra al Sol: 149.680.000 km.

PÁG. 5

2.

Millones			Mil			Unidades		
c	d	u	c	d	u	c	d	u
							4	2
						2	3	6
				6	5	0	0	
			4	0	0	0	0	
		3	8	4	0	0	0	
1	4	9	6	8	0	0	0	0

3. Números mal escritos:
35 47 - 3 42 027 - 324 45 630.
Números escritos correctamente:
3 547 - 324 027 - 32 445 630.

PÁG. 6

1. Pescadores y peces coloreados del mismo color:
- el pescador 3 y los peces 12, 18, 21, 24, 27,
30 (violeta);
- el pescador 4 y los peces 12, 16, 24, 28, 32,
36, 40 (amarillo);
- el pescador 4 y los peces 15, 25, 30, 35, 40,
45, 50 (rosas).
Cuatro peces tienen entonces dos colores:
12 (violeta y amarillo), 24 (violeta y amarillo),
30 (violeta y rosa) y 40 (amarillo y rosa).
2. Los múltiplos de 5 terminan por 0 o por 5.

PÁG. 7

1. Caja fuerte **300**: 50 × 5 = 250; 4 × 12 = 48;
250 + 48 + 2 = 300 o 4 + 2 = 6; 50 × 6 = 300.
Caja fuerte **6**: 60 : 3 = 20; 20 - 12 = 8; 8 - 2 = 6
o 12 - 2 = 10; 60: 10 = 6.
Caja fuerte **125**: 36 : 4 = 9; 9 × 10 = 90;
5 × 7 = 35; 90 + 35 = 125.
2.

25	:	5	=	5
13	+	17	=	30
5	×	6	=	30
45	-	19	=	26
40	:	5	=	8
11	+	39	=	50
50	-	35	=	15

34	-	6	=	28
5	×	12	=	60
9	×	4	=	36
27	:	3	=	9
50	×	5	=	250
200	:	4	=	50
18	+	17	=	35

PÁG. 8

1. Planetas coloreados en naranja: 12, 30, 36, 54, 60.
Planetas en azul: 14, 21, 28, 35, 49, 63, 70.
Planeta en amarillo: 16, 32, 40, 64, 72, 80.
Planetas en naranja y amarillo: 24 et 48.
Planeta en naranja y azul: 42.
Planeta en amarillo y azul: 56.

PÁG. 9

2. 18 - 27 - 36 - 45 - 54 - 63 - 72 - 81 - **90**
Sumando las dos cifras siempre se obtiene 9.
3. 9 × 25 = (10 × 25) - 25 = 250 - 25 = 225
4. Hay que tachar los satélites: 26, 55, 20, 74.

PÁG. 10

1.
$$
\begin{array}{r}
^3 8\, ^2 5\ 6 \\
+\ ^1 1\ \ 1\ 4\ 1 \\
+\ \ \ \ \ 6\ 7\ 2 \\
+\ 1\ 0\ 8\ 8 \\
+\ \ \ \ \ \ \ 5\ 6 \\
\hline
3\ 8\ 1\ 3
\end{array}
$$

PÁG. 11

2.
$$
\begin{array}{r}
^1 8\, ^1 4\ 7 \\
+\ 2\ 0\ 5\ 6 \\
+\ \ \ 6\ 2\ 3 \\
\hline
3\ 5\ 2\ 6
\end{array}
\qquad
\begin{array}{r}
^1 9\, ^2 1\ 7 \\
+\ 2\ 0\ 5\ 8 \\
+\ \ \ 5\ 2\ 7 \\
\hline
3\ 5\ 0\ 2
\end{array}
\qquad
\begin{array}{r}
^2 5\, ^1 8\, ^2 3\ 7 \\
+\ 7\ 5\ 5\ 8 \\
+\ 4\ 6\ 2\ 7 \\
\hline
1\ 8\ 0\ 2\ 2
\end{array}
$$

3. = 1   = 5   = 6   = 3

4.

5	12	17	16
19	14	7	10
8	9	20	13
18	15	6	11

5. 1.262 - 3.853 - 670

PÁG. 12

1.

```
  5 ¹0 ¹0 ¹0        2 ¹2  5 ¹0        7 ¹2  5
- ¹4 ¹8 ¹3 7      - ¹1  9 ¹2 8      - ¹    5 2
  0  1  6  3        0  3  2  2        6  7  3
```

PÁG. 13

2.

```
  6  7  3
- 1  6  3    Contine 510 semillas más que la
  5  1  0    pequeña.
```

3.

```
  3  7 ¹2  5          ¹1  8 ¹3  6
- 2 ₀0  4  2        +     8  4  5
  1  6  8  3          2  6  8  1
```

```
  5 ¹3 ¹6  9          4 ¹2 ¹3 ¹1
+ 5  2  6  3        - ₃5 ₅9  9
1 0  6  3  2              6  3  2
```

4.

= 6   = 5

= 1   = 9

PÁG. 14

1.

```
  ⁴2  6
+  2  6          ⁴2  6
+  2  6        ×     8
+  2  6          2  0  8
+  2  6
+  2  6
+  2  6
+  2  6
  2  0  8
```

El Cine Animal propone 208 asientos para sentarse.

PÁG. 15

2. Operaciones: 9 + 13 + 14 + 23 = 59
26 × 4 = 104
104 + 59 = 163
Esta noche, asisten a la sesión 163 animales.
3. - Operaciones: 26 + 3 = 29
Lucía ha recorrido 29 km.
- Operación: 14 × 3 = 42
Marta ha realizado 42 castillos.
- Operación: 352 + 352 = 704 o 352 × 2 = 704
Ha recorrido 704 m.

PÁG. 16

1. Juntos han ganado 714 €.
2. Cada uno tiene 2 billetes de 100 € y queda 1.

En total, son 11 billetes de 10 € para compartir.
Cada uno obtiene 3 y quedan 2.
Tienen entonces 24 monedas para compartir
y cada uno obtiene 8.

3.

```
7 1 4 | 3
1 1   | 2 3 8
  2 4 |
    0 |
```

PÁG. 17

4.

```
9 5 | 4
1 5 | 2 3
  3 |
```

Se necesitan 24 asientos (porque hay que pensar en las 3 últimas personas).

```
2 3 0 | 6
  5 0 | 3 8
    2 |
```

Hay 38 cajas llenas y quedan 2 botellas.

```
5 0 0 0 | 8
  2 0   | 6 2 5
    4 0 |
      0 |
```

El elefante pequeño pesa 625 kg.

PÁG. 18

- Operación : 192 : 6 = 32
En este avión, hay 32 filas de 6 asientos.
- Operaciones : 527 - 355 = 172
172 : 2 = 86
Cada refuerzo pesa 86 toneladas.

PÁG. 19

- Operación: 5.840 - 2.798 = 3.042
El avión debe recorrer todavía 3.042 km.
- Operación: 6.125 × 9 = 55.125
El avión ha soltado 55.125 litros de agua para apagar el fuego.

PAG. 20

1. 25 × 5 = 125
25 × 20 = 500
25 × 100 = 2.500
125 + 500 + 2.500 = 3.125

PÁG. 21

2.

```
    ¹ ²2  5
  ×   1  2  5
      1  2  5
      5  0  0
    2  5  0  0
    3  1  2  5
```

57

3.
$$\begin{array}{r} \overset{1}{}\overset{2}{} \\ \overset{2}{1}\overset{4}{4}7 \\ \times\quad 3\ 6 \\ \hline 8\ 8\ 2 \\ 4\ 4\ 1\ 0 \\ \hline 5\ 2\ 9\ 2 \end{array}$$

$$\begin{array}{r} \overset{2}{2}6\ 3\ 1 \\ \times\quad\ \ 7\ 8 \\ \hline 5\ 0\ 4\ 8 \\ 4\ 4\ 1\ 7\ 0 \\ \hline 4\ 9\ 2\ 1\ 8 \end{array}$$

$$\begin{array}{r} \overset{2}{}\overset{1}{} \\ 2\overset{4}{0}\overset{3}{5}4 \\ \times\quad\ \ 4\ 9 \\ \hline 1\ 8\ 4\ 8\ 6 \\ 8\ 2\ 1\ 6\ 0 \\ \hline 1\ 0\ 0\ 6\ 4\ 6 \end{array}$$

4. ◯ = 5 ◯ = 6 ◯ = 7 ◯ = 4 ◯ = 3 ◯ = 8

$$\begin{array}{r} \overset{3}{}\overset{1}{} \\ \overset{2}{7}\overset{5}{5}2 \\ \times\quad\ \ 6\ 5 \\ \hline 3\ 7\ 6\ 0 \\ 4\ 5\ 1\ 2\ 0 \\ \hline 4\ 8\ 8\ 8\ 0 \end{array}$$

PÁG. 22

1. En orden: $\frac{1}{4}$, $\frac{1}{6}$, $\frac{1}{8}$.

2.

$\frac{2}{4}$ ó $\frac{1}{2}$ $\frac{1}{4}$ ó $\frac{2}{8}$ $\frac{1}{3}$ ó $\frac{2}{6}$

3.
Quedan $\frac{6}{10}$ de pastel, $\frac{4}{10}$ se han comido.

$\frac{5}{10}$ de pastel se han comido y quedan $\frac{15}{10}$ de pastel.

PÁG. 23

4. Un cuadrado de chocolate: $\frac{1}{32}$.

El chocolate amargo: $\frac{16}{32}$ o $\frac{1}{2}$.

5.

6. $\frac{1}{8}$ $\frac{3}{8}$ $\frac{6}{8}$ $\frac{9}{8}$; $\frac{1}{32}$ $\frac{1}{8}$ $\frac{1}{4}$ $\frac{1}{2}$

PÁG. 24

1. Granadina   Naranja

$\frac{1}{2}$ o sea: $\frac{4}{8}$

2. $\frac{2}{8} + \frac{1}{8} + \frac{4}{8} = \frac{7}{8}$

PÁG. 25

3.
Cantidad de jarabe de menta: $\frac{11}{8}$ o sea $1 + \frac{3}{8}$

4.

$\frac{5}{2}$ de zumo de piña o sea $2 + \frac{1}{2}$ $\frac{7}{4}$ de zumo

de granada o sea $1 + \frac{3}{4}$

5. $\frac{7}{6} + \frac{8}{6} = \frac{15}{6}$ $\frac{4}{3} + \frac{2}{3} + \frac{5}{3} = \frac{11}{3}$

$2 < \frac{15}{6} < 3$ $3 < \frac{11}{3} < 4$

PÁG. 26

1. - Cuerda con arañas: $\frac{3}{10}$ de cuerda.

- Cuerda con serpiente: $\frac{8}{10}$ de cuerda.

- Probeta con baba de sapo: $\frac{60}{100}$ dosis.

- Probeta con sangre: $\frac{150}{100}$ dosis.

- Probeta con veneno de serpiente: $\frac{25}{100}$ dosis.

PÁG. 27

2. $\frac{60}{100} + \frac{150}{100} + \frac{25}{100} = \frac{235}{100}$ o sea $2 + \frac{35}{100}$

3. En amarillo: $\frac{25}{100}$

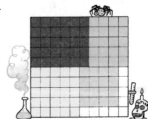

$\frac{25}{100} + \frac{30}{100} + \frac{20}{100} + \frac{16}{100} = \frac{91}{100}$

La parte sin colorear representa $\frac{9}{100}$.

PÁG. 28

1. La segunda es Lola Pasiva con $\frac{7}{10}$ m o sea 0,7 m.

3. Lucía Lenta $\frac{9}{10}$ m o sea 0,9 m.

4. Juan Flojito $\frac{14}{10}$ m o sea $1 + \frac{4}{10}$ m o sea 1,4 m.

5. Julio Arrastra $\frac{17}{10}$ m o sea $1 + \frac{7}{10}$ m o sea 1,7 m.

6. Angela Amorfa $\frac{21}{10}$ m o sea $2 + \frac{1}{10}$ m o sea 2,1 m.

2.

En orden: $\frac{8}{10}$ l $\qquad$ $\frac{19}{10}$ l $\qquad$ $\frac{22}{10}$ l

O sea 0,8 l   O sea 1,9 l   O sea 2,2 l

3. $\frac{75}{100}$ m O sea 0,75 m.

4. 10 c = $\frac{1}{10}$ € O sea 0,1 €

1 c = $\frac{1}{100}$ € O sea 0,01 €

5. Banderines coloreados: 2,6 €; 2,60 €; 2 + $\frac{60}{100}$ €

Banderines tachados: 2,06 €; 2 + $\frac{6}{100}$ €

1. Animales para descubrir: un perezoso y una serpiente.

2. Números en orden:
Camino 1 : 0 - 0,3 - 0,6 - 0,9 - 1 - 1,2 - 1,5 - 1,7 - **2.**
Camino 2 : 9 - 9,4 - 9,6 - 9,9 - **10** - 10,1 - 10,4 - 10,9 - **11.**
3. Las flores coloreadas llevan los números (de izquierda a derecha y de arriba abajo): 7, 9, 8 y 10.

1.

```
  2 6 8 | 2 2
-   2 2 | 1 2
  0 4 8
-   4 4
    0 4
```

```
  2 6 8 | 2 7
- 2 4 3 | 9
  0 2 5
```

2.

```
  1 5 8 4 | 2 4
-   1 4 4 | 6 6
  0 1 4 4
-   1 4 4
    0 0 0
```

Ella utilizará 66 cajas.

3.

```
  9 6 0 0 | 7 5
-   7 5   | 1 2 8
  2 1 0
  1 5 0
  0 6 0 0
    6 0 0
    0 0 0
```

Puede rellenar
128 botellas.

4. **24** × 66 = 1.584
75 × 128 = 9.600

```
    1
    4
    3 6
  × 2 7
  2 5 2
  7 2 0
  9 7 2
```

972 animales pueden acompañar a su equipo.

```
  2 2 2 5
- 1 9 7 2
  1 2 5 3
```

```
  1 2 5 3 | 3 6
  1 0 8   | 3 4
  0 1 7 3
  1 4 4
  0 2 9
```

```
  2 7
+ 3 5
  6 2
```

En total, hay que reservar 62 carretas (hacen falta 35 en lugar de 34 porque de lo contrario, quedarían 29 seguidores que no podrían marchar).

- Operación: 1.000 : 50 = 20
Hacen falta 20 meses de ahorro, o sea 1 año y 8 meses.
- Operaciones: 35 × 12 = 420
470 - 420 = 50
50 : 35 = 1 y quedan 15
Tiene que esperar aún 2 meses.
- Operación: 78 + 55 + 109 = 242
Respuesta: no.

1.

$\frac{2}{100}$ € o 0,02 €

$\frac{5}{100}$ € o 0,05 €

$\frac{2}{10}$ € o 0,2 €

o 0,20 €

$\frac{5}{10}$ € o 0,5 €

o 0,50 €

2. La muñeca cuesta 13,45 €.

3. Se necesitan: 1 billete de 10 €; 2 monedas de 2 €, 1 moneda de 1€, otra de 50 c, 1 de 20 y una de 5 c.
9,75 + 6 = 15,75

4. Hacen falta: 2 monedas de 2 €, 2 monedas de 1 €, 2 monedas de 20 c y 1 moneda de 5 c (existen otras posibilidades).
Operación: 0,95 + 0,50 + 5 = 6,45
Los tres objetos juntos cuestan 6,45 €.
5. Se necesitan: 1 moneda de 2 €, 1 moneda de 50 c, 1 moneda de 20 c, 1 moneda de 5 c (existen otras posibilidades).
Operación: 10 - 7,25 = 2,75.
El comerciante debe devolver 2,75 €.

1. Operaciones correctamente colocadas, para calcular (las otras deben tacharse):

```
  ² ²6,¹7 5          ² ²6,¹7 5
+    5,5           +    5,5 0
+    9             +    9,0 0
+ 1 0,8 5          + 1 0,8 5
  3 2,1 0            3 2,1 0
```

2.
```
   1 2,3 5              ¹ ¹
 +    1,6            3 9,0 5
   1 3,9 5          +1 8 5,9
                    2 2 4,9 5
```

```
                       ¹ ²     ¹
                       3 5
   1 7 8            1 7 8,0 8
 +    0,0 9        +    9,7 9
   1 7 8,0 9        2 2 2,8 7
```

3

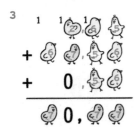

$$\text{🐥}_5 + \text{🐤}_6 + \text{🐣}_7 = 18$$

4.

13,5	16	15,5
17	15	13
14,5	14	16,5

1.
```
  1 ¹5 ⁰0,¹0 ⁰0
- 1 ₁8 ₁0,₁7 5
      6 9,2 5
```

```
    6 9,¹2 5
  - 4 ₁6,8
    2 2,4 5
```

2.
```
  3 ¹7,¹5 ⁰0
- ₁1 ₁8,₁5 8
  1 8,9 2
```

```
    4 6,3 ¹2
  - 3 5,2 7
    1 1,0 5
```

```
  3 ¹2 7,¹3 ¹6
- ₁ 9 ₁4,₁8 8
  2 3 2,4 8
```

3. 59,22 - 37 = **22,22**
70,87 - 48,65 = **22,22**
50 - 27,78 = **22,22**
51 - 28,78 = **22,22**
Piraguas que hay que tachar: 60 y 92, 87.
4.

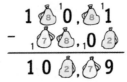

5. Operación: 3 - 1,965
Resultado: 1,035 t.

- Operación: 483,26 - 475,55 = 7,71
Julio y Lucía han recorrido 7,71 km.
Escribir 7,71 (km) en el mapa.
- Operaciones: 7,71 + 3,7 = 11,41
172,07 + 11,41 = 183,48
A la vuelta, el contador kilométrico de Julio indica 183,48 km.

Elena posee 46 €.
1. Operaciones: 32,75 + 11,90 = 44, 65
46 - 44,65 = 1,35

Elección 1: jersey y camiseta y le quedarían: 1,35 €.
2. Operaciones: 28,99 + 11,90 = 40,89
46 – 40,89 = 5,11
Elección 2: falda y camiseta y le quedarían: 5,11 €.
3. Operaciones: 28,99 + 15,5 = 44,49
46 – 44,49 = 1,51
Elección 3: falda y bufanda y le quedarían: 1,51 €.
4. Operaciones: 11,90 + 17,35 + 15,5 = 44,75
46 – 44,75 = 1,25
Elección 4: camiseta, camisa y bufanda y le quedarían: 1,25 €.

PÁG. 44

1.

Parte izquierda	Parte central	Parte derecha
12	x 100	1.200
12,47	x 10	124,7
215	x 100	21.500
0,375	x 1.000	375
2,54	x 100	254
3,89	x 10	38,9
52,5	x 10	525
2,5	x 1.000	2.500
0,342	x 100	34,2
0,9	x 10	9
3,2	x 1.000	3.200

PÁG. 45

2. Globos amarillos («: 10 »): 30,5 – 3,05; 8 – 0,8.
Globos violetas («: 100 »): 7 500 – 75; 98 – 0,98; 117 – 1,17.
Globos rosados («: 1.000 »): 12.000 – 12;
1.354 – 1,354; 15 – 0,015.
3. - Con la torre de control: « × 10 - × 100 - × 1.000»: «desplazar la coma a la derecha»; «añadir 1, 2 o 3 ceros»; «3,57 × 1.000 = 3.570».
- Con la torre de control «: 10 - : 100 - : 1.000»: «desplazar la coma a la izquierda»; «suprimir 1, 2 o 3 ceros»; «360 : 100 = 3,6».

PÁG. 46

1.

$$
\begin{array}{r}
{}^{2}2,\!{}^{1}5\ 4 \\
+\quad 2,5\ 4 \\
+\quad 2,5\ 4 \\
+\quad 2,5\ 4 \\
\hline
1\ 0,1\ 6
\end{array}
$$

$$
\begin{array}{r}
{}^{2}2\ {}^{1}5\ 4 \\
\times \qquad 4 \\
\hline
1\ 0\ 1\ 6
\end{array}
$$

1016 : 100 = 10,16

$$
\begin{array}{r}
{}^{2}2,\!{}^{1}5\ 4 \\
\times\quad 4 \\
\hline
1\ 0,1\ 6
\end{array}
$$

- Diagonal de la televisión: 2,54 × 32 = 81,28
Respuesta: 81 cm.

PÁG. 47

2. Valor de 9 yardas: 0,914 × 9 = 8,226 m
Valor de 12 yardas: 0,914 × 12 = 10,968 m
Valor de 26 yardas: 0,914 × 26 = 23,764 m
3. 34 × 0,3 = 10,2
6,7 × 5 = 33,5
3,25 × 4 = 13
6,312 × 5 = 31,56

PÁG. 48

1. Precio de la carne redondeado al céntimo inferior: 9,46 €.

$$
\begin{array}{r}
{}^{4} \\
{}^{1}\ {}^{1} \\
1\ 8,2\ 0 \\
\times\quad 0,5\ 2 \\
\hline
3\ 6\ 4\ 0 \\
9\ 1\ 0\ 0\ 0 \\
\hline
9,4\ 6\ 4\ 0
\end{array}
$$

Precio de los tomates redondeado al céntimo inferior: 8,30 €.

$$
\begin{array}{r}
{}^{1}\quad {}^{1} \\
{}^{1}\quad {}^{1} \\
{}^{3}\quad {}^{4} \\
3,6\ 9 \\
\times\quad 2,2\ 5 \\
\hline
{}^{1}\ {}^{2}\ {}^{1} \\
1\ 8\ 4\ 5 \\
7\ 3\ 8\ 0 \\
7\ 3\ 8\ 0 \\
\hline
8,3\ 0\ 2\ 5
\end{array}
$$

PÁG. 49

Precio de las patatas redondeado al céntimo inferior: 4,09 €.

$$
\begin{array}{r}
{}^{1} \\
{}^{4} \\
1,0\ 5 \\
\times\quad 3,9 \\
\hline
{}^{1}\ 9\ 4\ 5 \\
3\ 1\ 5\ 0 \\
\hline
4,0\ 9\ 5
\end{array}
$$

2

$$
\begin{array}{r}
{}^{1}\quad {}^{1} \\
{}^{2}\quad {}^{3} \\
1,6\ 0\ 9 \\
\times\quad 1\ 2,4 \\
\hline
6\ 4\ 3\ 6 \\
3\ 2\ 1\ 8\ 0 \\
1\ 6\ 0\ 9\ 0\ 0 \\
\hline
1\ 9,9\ 5\ 1\ 6
\end{array}
$$

Alicia y Kate han recorrido 20 km (redondeado al kilómetro superior).

1. - 25 : 4 = 6 litros y queda 1 l.
- Reparto de la cantidad restante: 1 l = 10 dl
10 : 4 = 2 y quedan 2 dl o 1 : 4 = 0,2 l y quedan 0,2 l.
- Reparto de los 2 dl o 0,2 l restantes:
0,2 l = 2 dl = 20 cl
20 : 4 = 5 cl o sea 0,05 l.
- Cada uno tendrá entonces:
6 l + 2 dl + 5 cl o sea 6,25 l.

2.

```
2 5,0 0 | 4
  1 0    | 6,2 5
    2 0
      0
```

3.

```
1 8 9,0 0 | 2 8
1 6 8     | 6,7 5
0 2 ¹1 ¹0
- ₁1₁9 6
  0 1 4 0
  - 1 4 0
  0 0 0 0
```

```
4 5 2 6,0 0 | 6 5
3 9 0       | 6 9,6
0 6 ¹2 6
- ₁5 8 5
  0 4 1 0
  - 3 9 0
  0 0 2 0
```

4.

```
5 4,0 0 | 8
4 8     | 6,7 5
  6 ¹0
  ₁5 6
  0 4 0
  0 0
```

Cada entrada cuesta 6,75 €.

1. 367,74 km = 367.740 m
367.740 : 54 = 6.810 m

```
3 6 7,7 4 | 5 4
3 2 4     | 6,8 1
0 4 3 7
- 4 3 2
  0 0 5 4
    0 0
```

2.

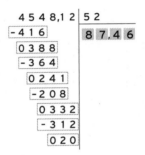

```
4 5 4 8,1 2 | 5 2
- 4 1 6     | 8 7,4 6
  0 3 8 8
  - 3 6 4
    0 2 4 1
    - 2 0 8
      0 3 3 2
      - 3 1 2
        0 2 0
```

3.
3 cifras para la división 5256 : 31
2 cifras para la división 98,32 : 4
2 cifras para la división 9 128,4 : 95
1 cifra (el cero) para la división 25,78 : 37
4. El resultado más pequeño: 732 : 12 = 61
El mayor resultado: 593,12 : 4 = 148,28

- 1 milla = 1,852 km
Operación: 1,852 × 3.530 = 6.537,56
La carrera tiene 6.537,56 km.

- Operación: 296,5 + 383,7 + 409,8 = 1.090
Elena Madura ha recorrido 1.090 millas en tres días.
Operación: 1,852 × 1.090 = 2.018,68
Ha recorrido 2.018,68 km.
- Operación: 6.537,56 - 2.018,68 = 4.518,88
Elena Madura debe recorrer aún 4.518,88 km.
- 3 días = 72 horas (3 × 24)
Operación: 2.018,68 : 72 = 28,037
Elena Madura ha navegado a 28 km/h.
- Operaciones:
1.090 - 72,5 = 1.017,5
1.852 × 1.017,5 = 1.884,41
1.884,41 : 72 = 26,172
Juan Espinaca recorrió 1.884,41 km y navegó a 26 km/h.

TABLAS DE MULTIPLICAR

2 x 0 = 0	3 x 0 = 0	4 x 0 = 0
2 x 1 = 2	3 x 1 = 3	4 x 1 = 4
2 x 2 = 4	3 x 2 = 6	4 x 2 = 8
2 x 3 = 6	3 x 3 = 9	4 x 3 = 12
2 x 4 = 8	3 x 4 = 12	4 x 4 = 16
2 x 5 = 10	3 x 5 = 15	4 x 5 = 20
2 x 6 = 12	3 x 6 = 18	4 x 6 = 24
2 x 7 = 14	3 x 7 = 21	4 x 7 = 28
2 x 8 = 16	3 x 8 = 24	4 x 8 = 32
2 x 9 = 18	3 x 9 = 27	4 x 9 = 36
2 x 10 = 20	3 x 10 = 30	4 x 10 = 40

5 x 0 = 0	6 x 0 = 0	7 x 0 = 0
5 x 1 = 5	6 x 1 = 6	7 x 1 = 7
5 x 2 = 10	6 x 2 = 12	7 x 2 = 14
5 x 3 = 15	6 x 3 = 18	7 x 3 = 21
5 x 4 = 20	6 x 4 = 24	7 x 4 = 28
5 x 5 = 25	6 x 5 = 30	7 x 5 = 35
5 x 6 = 30	6 x 6 = 36	7 x 6 = 42
5 x 7 = 35	6 x 7 = 42	7 x 7 = 49
5 x 8 = 40	6 x 8 = 48	7 x 8 = 56
5 x 9 = 45	6 x 9 = 54	7 x 9 = 63
5 x 10 = 50	6 x 10 = 60	7 x 10 = 70

8 x 0 = 0	9 x 0 = 0	10 x 0 = 0
8 x 1 = 8	9 x 1 = 9	10 x 1 = 10
8 x 2 = 16	9 x 2 = 18	10 x 2 = 20
8 x 3 = 24	9 x 3 = 27	10 x 3 = 30
8 x 4 = 32	9 x 4 = 36	10 x 4 = 40
8 x 5 = 40	9 x 5 = 45	10 x 5 = 50
8 x 6 = 48	9 x 6 = 54	10 x 6 = 60
8 x 7 = 56	9 x 7 = 63	10 x 7 = 70
8 x 8 = 64	9 x 8 = 72	10 x 8 = 80
8 x 9 = 72	9 x 9 = 81	10 x 9 = 90
8 x 10 = 80	9 x 10 = 90	10 x 10 = 100

Juegos para sobresalir en cálculo

Presentación

El aprendizaje de las matemáticas desarrolla la imaginación, el rigor y la precisión, así como el gusto por el razonamiento. Para los niños de 9 a 11 años, el estudio de los números, de las operaciones y de su sentido constituye un objetivo prioritario.

A esta edad, el niño puede conseguir conceptualizar y crear razonamientos lógicos, indispensables para el aprendizaje del cálculo operatorio. Sin embargo, el objeto del concepto y del razonamiento debe apoyarse sobre un soporte concreto y esto hasta los 12 años.

El aprendizaje de las operaciones y el de los números están estrechamente ligados. Deben estudiarse conjuntamente, de preferencia por medio de situaciones lúdicas y no de ejercicios aburridos. Las investigaciones en psicología cognitiva del desarrollo nos ha demostrado el interés del juego para la adquisición en los niños. Además, el placer o la desconfianza con respecto a las matemáticas se manifiesta en los primeros años de su aprendizaje.

Esta obra, utilizando situaciones simples, concretas y divertidas permitirá que el niño se entrene a la práctica del cálculo abordando:

• los números enteros hasta el millar;
• las tablas de multiplicación;
• los cálculos de las 4 operaciones con números enteros;
• las escrituras fraccionarias;
• los números decimales;
• la suma, la resta y la multiplicación de números decimales;
• la división de dos enteros con un cociente decimal;
• la división de un número decimal por un entero;
• el sentido de las cuatro operaciones, etc.

Consejos de utilización

Los juegos que proponemos tienen una dificultad creciente, por eso recomendamos respetar el orden previsto en este cuadernillo.

Para progresar, es preferible que el niño se entrene de manera regular, sin sobrepasar el contenido de una página, quizás dos, en cada sesión.

Asegúrese de la buena comprensión de las consignas y las situaciones.

Deje que el niño tenga tiempo suficiente para pensar y razonar. Esté atento, sin embargo, para que no se desaliente y relance la búsqueda con una ayuda apropiada.

Hable con él sobre el método que ha utilizado para encontrar el resultado.

Aproveche las situaciones de la vida corriente para permitir que el niño cuente o calcule.

Las actividades que proponemos en este cuadernillo han sido probadas con niños que han descubierto un gran placer al realizarlas. Sin embargo, es importante que se consideren como un juego a realizar con el niño y no como un ejercicio obligatorio.

Título original: *Des jeux pour réussir toutes les opérations*
© Éditions Retz, 2014
Realización: Laser Graphie
© 2017 de esta edición: Ediciones Urano, S.A.U.
© 2017 de la traducción: Tabita Peralta
Impreso por Macrolibros – Valladolid
DL: B-11.310-2017 / ISBN: 978-84-16972-13-5